BEI GRIN MACHT SICH IHR
WISSEN BEZAHLT

AF173316

- Wir veröffentlichen Ihre Hausarbeit,
  Bachelor- und Masterarbeit

- Ihr eigenes eBook und Buch -
  weltweit in allen wichtigen Shops

- Verdienen Sie an jedem Verkauf

Jetzt bei www.GRIN.com hochladen
und kostenlos publizieren

Hans-Jürgen Borchardt

Machen Sie aus „Beratungsklauern" Auftraggeber

Mit der richtigen Strategie gewinnen

GRIN Verlag

Bibliografische Information der Deutschen Nationalbibliothek:

Die Deutsche Bibliothek verzeichnet diese Publikation in der Deutschen National-
bibliografie; detaillierte bibliografische Daten sind im Internet über http://dnb.d-
nb.de/ abrufbar.

Impressum:

Copyright © 2010 GRIN Verlag, Open Publishing GmbH
Druck und Bindung: Books on Demand GmbH, Norderstedt Germany
ISBN: 978-3-640-75697-1

Dieses Buch bei GRIN:

http://www.grin.com/de/e-book/161898/machen-sie-aus-beratungsklauern-auftrag-
geber

Machen Sie aus „Beratungsklauer" Auftraggeber

Die Situation
Viele Handwerker und Dienstleister haben die Situation schon zig-mal erlebt. Man wird von einem Interessenten besucht, der ein Problem, eine Aufgabenstellung in Verbindung mit einer Auftragsvergabe schildert. In der Erwartung des (größeren) Auftrages, erfolgt dann eine (umfangreiche) Beratung in der die Lösung erarbeitet bzw. aufgezeigt wird. Wenn das Gespräch beendet ist, verabschiedet sich der Interessent mit dem Hinweis, dass er sich das alles noch einmal überlegen müsse. Wenn alles gut geht, kommt der Interessent wieder, wenn nicht, haben Sie Zeit und Know-how für einen Wettbewerber investiert

Was ist dagegen zu machen?
Ein Patentrezept wird es dagegen nicht geben, weil es immer Leute geben wird die sich ausschließlich am Preis orientieren, auch wenn sie bereits mehrfach schlechte Erfahrungen gemacht haben. Weil sie wissen, dass der günstigere Einkauf oft mit Minderleistungen verbunden ist, versuchen sie vor der endgültigen Entscheidung möglichst viele Informationen zu sammeln, um die Fehler bei der Anschaffung zu vermeiden.

Wenn man einen Kunden gewinnen will, muss man sein Vertrauen gewinnen. In der Praxis heißt das, dass Sie den Interessenten im Informations- bzw. Beratungsgespräch das Gefühl –besser noch die Erkenntnis- vermitteln müssen, dass er bei einer anderen Firma keine gleichwertige Lösung erhält. Er muss in diesem Gespräch erkennen, dass Sie über Kompetenz und Wissen verfügen und dieses auch zu seinem Vorteil einsetzen werden. Er muss die Gewissheit gewinnen, das Sie die für seinem Fall erforderlichen

- Lösungen
- Optimierungen
- Probleme und
- Techniken

kennen und einsetzen. Auch an jene, an die er nicht gedacht hat.

Wenn er erkannt hat, dass sein Auftrag bei Ihnen „in den (aller-)besten Händen ist", ist die Wahrscheinlichkeit, dass er seinen Auftrag einen Wettbewerber gibt, deutlich eingeschränkt.

Und so machen Sie das
Um Kompetenz, Wissen und Erfahrung zu vermitteln, müssen Sie im Gespräch zeigen, dass Sie die *alle* möglichen Lösungen des Auftrags und kennen und beherrschen. Das erreichen Sie am besten, wenn Sie den Interessenten so viele und so detaillierte Fragen stellen, dass er die Gewissheit gewinnt, dass Sie an *alles* denken und *alles* berücksichtigen. Dieses Ziel erreichen Sie mit einem sorgfältig ausgearbeiteten Fragebogen, in dem -bezogen auf den Fall- alle evtl. Gestaltungs- und Realisierungsmöglichkeiten enthalten sind. Der Fragebogen ist wichtig, weil nur so sichergestellt ist, dass keine Frage vergessen wird.

Nehmen wir an Sie hätten einen Interessenten, der eine neue Küche haben will. Mit dem arbeiten Sie den Fragebogen ab, damit Sie alle Informationen für die evtl. Planung haben. Sobald das geschehen ist, sagen Sie ihm dass, Sie für die detaillierte Ausarbeitung x Stunden benötigen und Sie das auf Verdacht nicht kostenlos machen können. Anschließend fragen Sie welche Vereinbarung Sie gemeinsam treffen können, wenn Sie die Planung erstellen aber nicht den Auftrag erhalten. Dieses Vorgehen hat bietet Ihnen mehrere Vorteile.

- *Sie geben kein Know-how preis*
- Sie wenden relativ wenig Zeit für das Abfragen auf
- Sie demonstrieren Ihre Kompetenz und Erfahrung. Der Interessent weiß, dass Sie die erforderlichen Voraussetzungen für einen derartigen Auftrag besitzen
- Aus der Reaktion bei der Frage nach einer evtl. Aufwandsentschädigung können Sie die Ernsthaftigkeit erkennen und individuell reagieren
- Weil Sie nicht direkt einen konkreten Betrag für die Planung fordern, sind Sie in der Gestaltung einer möglichen Vereinbarung flexibel.

Beispiel: Fragebogen Küchenplanung
Bei der Erstellung eines Angebotes für eine Küche sollten das zum Beispiel folgende Fragen sein:

1. Wer arbeitet hauptsächlich in der Küche?
2. Wie groß ist diese Person? (Wichtig für die Arbeitshöhe und die Höhe der Oberschränke)
3. Was ist für diese Person (besonders) wichtig?
4. Soll die Küche nur zur Zubereitung der Speisen genutzt werden, oder ist auch vorgesehen, dass die Küche anderweitig genutzt wird, z. B. um Mahlzeiten oder Frühstück einzunehmen?
5. Ist geplant, die Küche auch für andere Tätigkeiten zu nutzen? Wenn ja, welche?
6. An welche Grundfarbe ist gedacht?
7. Werden Holz- oder Kunststoffoberflächen bevorzugt?
8. Soll die Innenseite der Küchentür der Grundfarbe der Küche angepasst werden?
9. Soll es transparente Schranktüren geben?
10. Wie viel Geschirr und Küchenzubehör ist vorhanden?
11. Welches Zubehör soll sichtbar aufbewahrt werden?
12. Welches Zubehör soll im Arbeitsbereich griffbereit vorhanden sein?
13. Sollen die Arbeitsflächen aus Stein, Kunststoff, Nirosta oder Holz sein?
14. Wenn aus Stein, sollen diese ebenfalls mitgeliefert werden?
15. Sollen die Einbaugeräte mitgeliefert werden?
16. Wenn ja, welche Einbaugeräte sollen eingeplant werden?
17. Werden bestimmte Marken bevorzugt? Wenn ja, welche?
19. Welche Beleuchtung wird bevorzugt? Falls Beleuchtung mit angeboten werden soll, welche? (Halogen, Röhren, Sparlampen, LED usw.)
18. Soll die Beleuchtung direkt oder indirekt erfolgen?
20. Welche Armaturen sollen eingebaut werden? (Farbe, Design, Funktion)
21. Wird eine bestimmte Marke gewünscht? Wenn ja, welche?
22. Wünschen Sie bestimmte Beschläge? (Lift, Dämpfung, halbautomatischer Einzug, Arretierung etc.) Wenn ja, welche Marke?
23. Haben Sie bestimmte Vorstellungen über die Raumaufteilung?
    23.1 Anzahl und Größe der Fächer
    23.2 Aufteilung der Schubladen, Besteckkästen
24. Soll der Einbau eines Radios, eines Fernsehers (mit zusätzlichen Lautsprechern) berücksichtigt werden? Wenn ja, welche Marke und welches Gerät? (Dimensionen!)

25. Soll der Auftrag insgesamt vergeben werden oder werden Teilleistungen vergeben? Wenn ja, welche?
26. Wie sind die Räumlichkeiten, abgeschlossener Raum oder offen zum Wohn-Esszimmer?
27. Wer soll die maßstabsgerechte Grundrisszeichnung mit Tür, Fenster, Heizung und evtl. „Durchreiche" erstellen?
28. Müssen evtl. Strom- und Wasseranschlüsse verlegt oder neue installiert werden? Wenn ja, sollen wir das übernehmen oder werden diese Leistungen gestellt?
29. Wird vorher eine Dreidimensionale und maßstabsgerechte Zeichnung gewünscht?
30. Wann soll der Auftrag realisiert werden?
31. Haben Sie bei der Realisierung besondere Wünsche oder konkrete Vorgaben, die zu berücksichtigen sind?
32. Sind Sie an Besuchen in unserer Werkstatt während der Produktion interessiert?
33. Wünschen Sie Referenzen?
34. Wie viel Geld haben Sie für das gesamte Projekt geplant?

Wenn Sie diese Fragen stellen, erkennen Sie,
- welche Zielvorstellungen der Interessent hat,
- welche Qualitäts- und Leistungswünsche bestehen,
- über welches Wissen er verfügt,
- wo und wie Sie Ihr Wissen und Ihre Erfahrungen gezielt einsetzen können
- welchen Umfang das Projekt hat und
- welche Preisvorstellungen er hat.

Natürlich ist dieser Fragebogen nur ein Beispiel. Je nach Branche und Aufgabenstellung muss jeder Betrieb die einzelnen Frage-/Projektbögen für sich individuell erarbeiten. Da aber diese Arbeit nur einmal geleistet werden muss, stehen innerhalb kurzer Zeit perfekte Fragebögen für die verschiedensten Beratungsfälle zur Verfügung.

Hans-Jürgen Borchardt
April 2010